나무와 나무 사이에 모르는 새가 있다

공화순 시조집

상상인 시선 049

나무와 나무 사이에 모르는 새가 있다

시인의 말

그동안 숨기지 못해 몸을 불린 일상들

난 얼마나 그 사이에서 더 비겁해져야 할까

2024년 7월
공화순

차례

1부 알 수 없는 무늬들

베리 페리 땡큐 베리	19
와이파이 유목민	20
모하비, 또	21
검은 턱시도	22
민물의 지도	23
총총 파꽃이 피었습니다	24
구원의 구덩이	25
바니타스 데이	26
오벨리스크의 문	27
게장을 먹는 저녁	28
몸결	29
거울 도시	30
몸살	31
올루빌 팔라카두	32
메타버스metaverse	34
할머니 유모차	36
몽상운	37

2부 종이에 길을 놓는다

잠에 드는 낮	41
그날 이야기	42
근황	43
내력	44
오티움	45
헛웃음 되감기	46
모과를 꿈꾸는 가을	48
세잔의 사과	49
마음줄임표	50
사이 새	51
이브의 열매	52
여우 시집가던 날	53
아무 날의 숲	54
가스라이팅	55
프레임 너머를 꿈꾸다	56
분홍의자	57
복수초	58
상강 1	59

3부 열두 시, 그림자를 벗고

왈칵, 봄	63
나의 마젠타	64
봄강	66
신데렐라 페르소나Persona	67
언더랜드	68
환승	69
감 농사	70
경고	71
가벼나움이란 겨움	72
감시	73
과슈gouache	74
동백젓	75
압화押花	76
쿠페아의 집	77
상강 2	78
단추의 세계	79
어떤 비행	80

4부 씹어대는 달콤한 입들

그녀의 바닥	83
사물을 보는 방식	84
마트료시카	85
아무것도 아닌 날들	86
시그니처 signature	87
복사골 산1번지	88
올 것 같은, 울 것 같은 날	89
한 장의 삐끗	90
한로	91
횡단보도	92
프로파일러의 식사법	93
연암	94
잣눈	95
세렝게티 여정	96
우화羽化	97
더미들의 더미	98
목련 유서	99
해설 _ 불화의 시대 시조 쓰기	101
황정산(시인·문학평론가)	

1부

알 수 없는 무늬들

베리 페리 땡큐 베리

당신의 서늘한 눈빛을

사랑합니다

차갑게 식어버린 파란 심장

제게 준다면

뜨거운

혈액 한 방울,

수혈해 드리겠습니다

와이파이 유목민

드넓은 초원을 향해
소 떼를 모는 목동처럼

먹이가 있는 곳마다 모여드는 포노사피엔스 우리에게 안락한 소파 따윈 필요 없지 빠르게 휘두르는 와이파이 채찍들이 세상 끝까지 누빈다 생명줄 같은 멀티파이 혼자서 유랑하는 랜 망의 여행처럼

어디든 멈추면 끝장이지
아직도 갈 길은 머니까

모하비, 또

먼저 간 발자국 따라 걷던 길 뚝 끊기고

벼랑 끝에서 맞닥뜨린 눈 쌓이는 사막

아무도 가지 않은 곳

길을 가면 길이 될까

정답 없는 문제는 늘 앞서 도착하고

풀지 못한 의문으로 바닥이 캄캄한데

화이트 스페이스에서

시작이 또 등을 민다

검은 턱시도

가진 것 다 내놓고 수평으로 내려앉은 몸

검은 옷들이 보내는 마지막 인사는

거짓도 가짜 눈물도 웃음도 무구하다

민물의 지도

민물의 흙내가 구수하게 느껴질 때

메기의 속마음이 처음으로 궁금하다

투명한 지느러미에 비밀을 숨겼을까

느린 물살 몸에 감고 어둠과 내통하며

물풀의 깊이에서 숨죽여 산다더니

낱낱이 가시를 풀어 숨은 길을 펼친다

총총 파꽃이 피었습니다

자궁 속 태아막을 찢고 나온 머리통
대궁의 빈속을 어떻게 알아채고
부풀린 정수배기에 흰나비 사뿐 앉는다

하늘 향해 묵! 하고 주먹을 내지르듯
바람에도 끄떡없이 수많은 씨앗을 품고
촛불 든 시위대처럼 한 평 연대 총총하다

구원의 구덩이

어둠에 귀 세우고
사람도 짐승도 피해
밀림에 숨어 살던 타나루의 원시인
고단한 이십육 년을 해먹 위에 사른다

맘 편히 눕지 못해 몸 세워 잠을 자고
숨 쉬고 싶을 때마다 찾아가던 구멍들
마른 몸 기댄 자리에 외로움만 덩그렇다

도시의 정글에서 반평생을 살다 보니
온종일 천적을 피해 다니는 일 반복이다
남몰래 구덩이 속에
숨고 싶은 날 많다

바니타스 데이

회색 향기 다소곳이 집안으로 드는 저녁

샤르댕* 찻잔에도 온기가 그리워져

어둠에 불을 지피듯 젖은 커피를 끓여요

밤 그늘은 더운 김을 자꾸만 헤집고

입 없는 몸집들이 식탁 위에 둘러앉죠

만찬을 시작해도 될까요?

빈 의자가 기도해요

* 샤르댕(장 바티스트 시메옹 샤르댕): 18세기 프랑스 화가(1699~1779).

오벨리스크의 문

어둠이 내려앉자 무덤이 불을 켠다
누구를 기다렸을까
찌를 듯 선 오벨리스크
별 하나, 사각뿔 위로 사뿐히 내려온다

짓다 만 건물마다 둥지 튼 비둘기들
꾸룩꾸룩 밤을 쪼듯 무거운 경을 외면
누군가 먼 길 가려는지
하늘길이 열린다

게장을 먹는 저녁

가쁜 숨 몰아쉬던 오월의 비릿한 밤
급랭한 당신의 심장을 꺼내 해동합니다
차갑게 식은 호흡을 안아줄 수 없어요

딱딱한 등껍질을 어쩌다 맞대고 누워
꿈결에 정신없이 붙잡은 집게발을
단번에 끊어냅니다
속살은 꽉 찼군요

몸결

아무리 들여다봐도
알 수 없는 무늬들

나무의 결 같기도 하고 물의 흐름 같기도 하고
지나온 시간의 부름켜, 누군가의 궤적 같은

어쩌면 내 안에도 수많은 흔들림이
흐르다 멈추며 몸을 켜고 있겠지

결이 더 치밀할수록
그 속은 난해하다

거울 도시

하늘을 복사해서 펼쳐놓은 스크린

별이 되고 싶었던 꿈이 날아든다

수천 번 비행하다가

몸을 던진 날개들

대본 없는 필름은 쉼 없이 돌아가고

바람을 연주하며 가는 길 직진하듯

눈먼 새, 날개를 또 편다

보지 못한 봄을 향해

몸살

수천만 년 잠겼던 아가미가 풀렸다

치솟는 열기 속에 무너지는 골격들

참았던 기침 한 번에

지구가 들썩, 한다

올루빌 팔라카두[*]

1
죽음이 또 다른 주검을 물고 오는

정글 한복판에 까마귀가 몰려든다

미래가 매장되는 언덕

최후 만찬을 베푼다

2
우리에게 신선한 쓰레기를 주세요
엄청난 비닐 속을 뒤지는 빈속들
배출을 흡입하고서
배설 못 해 쓰러지는

오염된 내장이 쌓여가는 매립지
지구가 펄펄 끓고
코끼리가 아파요

저리 가, 제발 먹지 말라고
버린 손이 빌어요

* 스리랑카 쓰레기 매립지.

메타버스 metaverse

1
내 모습 이대로 보이고 싶지 않아
다양한 일상들을 편집해서 내걸죠
어떻게 알았을까요
번번이 찾아오네요

입맛을 자극하고 시선을 사로잡고
어디든 따라오는 당신은 누구십니까
그렇게 속을 다 알면서
만날 순 없는 건가요?

2
세상 너머를 보나요

하고 싶은 게 많아도
할 수 없는 게 많아도
〈

이곳으로 오세요

당신의 아바타가 되어
무엇이든 해줄게요

할머니 유모차

알맹이 빠져나가 ㄱ자로 굽은 몸

해묵은 기침으로 밤새 시달리다가

하르르, 꽃 지는 길목에서

봄날을 끌고 간다

몽상운

당신의 말풍선 같은

구름이 지나간다

생각의 보따리를 풀지 못해 망설이다

터질 듯 부풀어 오른 꿈의 시간 흐른다

2부

종이에 길을 놓는다

잠에 드는 낮

긴 창살 하늘을 뚫고
직선으로 내려온다

촘촘한 빗변 속에 유폐되는 시간

몸 낮춘
세상 소요를
꿈결에서 듣는다

그날 이야기[*]

삼십 년을 버티다 꾹 다문 입을 연다
"묶어놓고 두들겨 팼지, 무지하게 팼어"
찾아온 치매 질환에도
또렷하게 붙든 기억

고문 없는 세상을 살고 싶었을 뿐인데
자꾸만 틀어막는 주먹이 너무 많아
악몽에 시달리다가
마른 눈을 감습니다

수없이 힘에 눌려 잘려 나간 손발들
이리저리 뛰어 봐도 내미는 머리 없습니다
여전히 피해자만 있는,
여기 살 만할까요?

[*] 고문 조작의 피해자 정원섭 사건.

근황

 복잡한 가닥을 어떻게 잡아볼까 머릿속에 꾸역꾸역 먹물을 집어넣고 며칠째 책 속에 숨어 술래 오길 기다린다

 씹지도 못하고 삼켜버린 덩이처럼 나는 왜 생각이 많을까 고민을 하다 존재하는 이유에 답을 찾지 못한 채

 소로의 월든에서 팔짱을 끼고 걷다 아무렇지 않은 척 고개를 끄덕이다가 빽빽한 덤불 밑에서 쏟아진 나를 본다

* 훗타슈고의 책 이름.

내력

기다란 나무토막 연실 깎고 문지르며
입에 문 담배를 놓지 않던 할아버지
툭, 쏟을 저 위태로움
부릅뜨고 지켜본다

느슨해도 견고한 손가락 사이에서
오래된 내 골초의 이력이 아찔하여
연필을 떨어뜨렸다
털고 싶은 재인 듯

먹줄을 잡으라며 귀에 꽂던 몽당연필
내 앞에 서성이다 겁 없이 끼어들어
종이에 길을 놓는다
늘어나는 부름켜

오티움

하루가 뭘 먹을까
고민하는 사이에
설익은 날들이 자꾸 등을 떠밀고
생각은 꼬리를 물고 제자리를 맴돈다

지루해진 어제가 돌아서서 안부하자
밤 지샌 시간표가 안녕하냐 묻는다
무엇을 해야만 할까, 지금을 견디려면

날마다 별사탕은 빵보다 부족하고
배가 덜 고픈 오후에 달콤한 걸 삼키면
행복이 당장 시작하라고
오늘을 부추긴다

헛웃음 되감기

사각으로 벌린 것에 뱀 같은 혀가 있다

여기저기 뻗은 가늘고 긴 손끝에 꼭 쥐고 놓지 않던 걸 한방에 풀어 놓고 방향 잃은 눈빛에 싱싱한 것이 들어올 때 상냥하게 다가오는
저 질척한 입술, 기회는 단 한 번뿐이라며 리모컨을 누른다

눈만 뜨면 입맛을 끌어당기는 달콤한 말에 시들던 사람들의 헛배가 부푼다 내일은 오지 않는다고 오늘을 살라면서 공중으로 튀어 오르다
중심 잃고 떠다니는, 부어터진 몸뚱이와 가벼워지는 손바닥

또다시 바닥을 딛고 일어설 수 있을까

생각을 지우며 헛발질하는 바퀴들이

자꾸만 오늘을 되감기 해서 돌아오면
네 개의 귀퉁이 안에서 트루먼이 웃고 있다

모과를 꿈꾸는 가을

간밤 휘몰아친 태풍에도 끄떡없이

초록 속에 숨어 영근 단단한 덩어리들

나무에 혹처럼 박혀 몸집을 키워 왔다

백 년쯤 살겠다고 단물도 덜어내며

가지에 심장을 박고 견뎌온 시간들

노랗게 익어갈 즈음, 별처럼 총총하다

세잔의 사과

누군가 건네준 사과 하나 받아들고
독이 들었을지도 모른다고 생각한다
똑같이 한쪽 얼굴만 바라보는 시선들

고개를 돌리는 순간 얼굴은 빨개지고
표정이 사라지자 점, 선, 면을 바꾼다
어디를 봐야 하는 걸까, 사방에 눈이 있다

마음줄임표

쉼표가 많은 날엔 주어가 길어진다
게으름과 꾸물거림 가운데 가로누워
꼬리가 망설이는 동안
점점 힘이 빠지고

잔소리가 많아질수록 허룩해지는 당신
지친 발을 빼내어 슬며시 돌아설 때
감정의 두께에 끼어
움츠러든 속마음

사이 새

가지와 가지 사이 분주한 언어가 산다

어깨를 내주고 바람 잡고 햇살 푸는

다 함께 올라가는 길 비틀다가 곧추선다

사계절 몸 바꿔가며 공간을 나눠 갖고

곧장 뻗지 않고 슬쩍 비낄 줄 아는

나무와 나무 사이에 모르는 새가 있다

이브의 열매

진흙을 처음 만졌던 느낌을 떠올리며
가슴뼈 찾아다니던 남자를 생각합니다
영원히 살 수 없대도 돌아가고 싶은 곳

아담은 부서지고 날개가 꺾였는데
아직 다 버리지 못해 닫지 못한 구멍들
빨갛게 긁힌 기억만 무성하게 자랍니다

너무 멀리 왔지만 못 벗어난 그 자리
알알이 부풀어 오른 동산의 열매처럼
거짓이 익어갑니다
손끝을 뻗칩니다

여우 시집가던 날

봄날이 지천으로 꽃방석을 깔아놓고

말갛게 씻고 나온 초록이 손 흔든다

손님을 맞으려는지

동네가 소란하다

오전 내 비 소식에 그물대던 하늘빛

비 그치자 쨍해서 안 나가고 못 배기던

누군가 딱 죽고 싶다던,

화창한 어느 아침

아무 날의 숲

나무가
밤을 부르고
숲은 너무 멀리 있다

바람이 찾아오자
숲이 더 멀어지고
한 그루 높은 나무의
찰랑대는 소리가 되고
밤의 뿌리처럼
들썩이다 눈물이 되고
끝내 불안으로
우묵한 시름이 되고

어둠에 흔들리다가
빛깔 몽땅
쏟았다

가스라이팅

깊숙한 건 보이지 않아 속이 늘 궁금하다

숨기고 의심하던 우리 둘 사이에서
서로가 손발을 빼자 구멍이 드러난다
수없이 부딪히고 당기고 밀어내다
지나가는 바퀴에 눌리고 찢긴 상처
가끔은 속엣것들도 문을 열고 뛰쳐나온다
순식간에 차량을 집어삼킨 싱크홀처럼
조금씩 벌어지기 시작하는 틈새들

갈수록 점점 커져서 흉터가 오래 남는다

프레임 너머를 꿈꾸다

할 말을 삼켰더니 헛배가 자꾸 나와
원숭이처럼 흉내 내다 지나친 들꽃처럼
놓친 걸 주워 담으려 꼭 쥔 손을 놓았지

모과나무 빈 가지에 바람이 기대서고
빗물이 창밖에다 가로줄을 긋는 밤
지난날 조롱하듯이 은행잎이 쌓인다

내 프레임 바깥은 얼마쯤 신선할까요
저녁 내 덫에 걸린 내일이 헐떡이는데
비좁은 파인더 안에서 갇힌 몸이 깜박인다

분홍의자

병점에서 종로까지 난임을 겪는 시간
힐끔대는 눈치와 멈칫하는 걸음 사이
두꺼운 엉덩이 하나
비집고 들어온다

뻔뻔한 빈 주머니 불임의 배를 안고
두 다리 벌리고 앉아 출산을 기다리나
아저씨, 언제 몸 푸나요?
이러시면 곤란해요

복수초

누구의 입김일까

눈석임에 켜는 등불

복수의 촉수들이 눈물보다 뜨겁다

겨울밤 서성거리던

두더지의 발자국

상강 1

여름 다 사르고 들판을 비워내는데

불쑥 찾아온 서리 단풍에 꽃불 놓는다

국화꽃 향기 잦은 밤

홍시 하나

쿵, 진다

3부

열두 시, 그림자를 벗고

왈칵, 봄

만삭의 사월이
몸을 열기 시작한다

가지는 온 힘 다해 부둥켜 어깨를 겯고

묵묵히
기어오르는
초록을 버텨낸다

목련이 터지기 전
바람그늘 짙어지고

허공엔 아지랑이 꽃처럼 피어나는데

산당화
쪼그려 앉아
왈칵, 봄을 쏟는다

나의 마젠타
- 윤석남 "pink room"에서

내 자리가 불안해

속 감추고 반항한다

하지만 아무도 눈치채지 못했다

분홍이 춤추는 사이

가시만 무성하다

환상은 늘 그럴듯해

바라보며 동경만 하다

뭇 시선들 밖에서 남몰래 울다 웃다

날 선 검 하나 틀어쥔 채

의문을 키워간다

화려함에 결박되어

새된 외침들이

참지 못해 뛰쳐나와 세상을 향해 뻗는다

물음표, 긴 팔을 늘려

과거와 나를 연결한다

봄강

강 건너
봄 오시려나
언 강이
길을 튼다

물비늘 가득 물고
활짝 웃는 버들강

어느새
햇살의 부리
흰 벽을 쪼고 있다

신데렐라 페르소나Persona

너와 나의 어제는 왜 길이 될 수 없을까

지난 것들이 아무렇지 않은 척 다가올 때
어서 와, 반색하면서 끌어안지 못한다
언제든지 얼마든지 괜찮다고 말해주던
네게로 숨어버리고 싶었던 날들이
내 것이 아닌 것처럼 차갑게 돌아선다
웅크린 무게에 눌려 까맣게 놀란 피가
막다른 길목에서 장대처럼 길어진다

열두 시, 그림자를 벗고 너와 나를 포갠다

언더랜드

지하 긴 어둠에서 볕을 쫓아 올라와서
젖은 몸을 말리면
공중을 날 줄 알았다
날개는 안 보이는데 자꾸 등이 터진다

방향을 바꾸려고 감쪽같이 변장했지만
고치를 틀지 못해
냄새만 빠져나왔다
아무리 벗으려 해도 밑창은 뺄 수 없다

환승

기댈 수 없는 피로를 끌고 가는 지하철
"구걸하는 사람 다음 역에서 내리세요"
귀 닫은 사람들 속에서
서지 못한 소리들

자는 척, 모르는 척, 휴대폰에 빠진 잠시
못 본 척하다가도 불만은 재빠르게
불편한 시선 사이에서
버티고 앉은 저 힘

감 농사

아부지, 감 농사를 망친 것 같습니다

지금쯤 나무 밑에 생선토막을 묻을까요

듬성한 어느 가지 끝에

불을 켜야 할까요

경고

가끔 까닭 없이
등짝에서 불이 나요

텅 빈 자리마다
잡초만 무성해요

자꾸만 화가 치밀어
얼굴이 빨개져요

손님은 뚝 끊긴 채
빈집만 지키고 있죠

언제부터 그랬나요?
눈앞이 깜깜해요

터널에 들어섰으니
라이트를 켜시오!

가벼나움이란 겨움

내가 태어난 죄를 누구에게 물을까
자인은 태어났고 집안은 가난했다

세상이 너무 좆같아요
열두 살의 법정 고백

제 살을 파먹고 자란 새빨간 본능에
체면은 도망가고 식욕이 자라났다

부모를 고소합니다
왜냐구? 날 낳았으니까

생명은 커갈수록 맨발에 힘을 주고
말마다 벌린 입들이 길거리를 헤맨다

자꾸만 화가 납니다
자꾸 배가 고파서

감시

감나무에 시가 주렁주렁 열립니다

올려다보고 딸까 말까 한참 망설이는데

어디서 날아온 까치

한 입 쪼고

한 줄 시

과슈gouache

화살나무 화살 코 살짝 취기 오른 날
비텝스크 다리 위 벨라를 찾으러 간다

서로를 알아본 순간
하늘 날던 푸른 눈

넘치는 열정을 덧칠해 꾸욱 누르고
기도로 엮어 올리는 연인들의 이야기

내 생에 과슈를 덧대면
그림이 완성될까

어디쯤 한 자리 지워버리고 싶어질 때
얼룩 대신 흰꽃으로 상처를 아물리고

시선을 흩어놓고서
샤갈처럼 날 수 있다면

동백젓*

시집을 주문하고 첫 장을 열어본 날
누군가 숨겨놓은 사체 한 구 발견했다
책갈피 삼십삼 쪽에
감쪽같이 매장된,

꽃향기에 덤볐다가 시의 덫에 걸렸을까
하필이면 동백젓 시편에서 최후라니
산 채로 염장 됐는지
선명하게 붙어 있다

* 임경묵의 시에서 인용.

압화 押花

마지막이란 말은 함부로 쓰지 말자고

우리는 오랫동안 참기로 했습니다

끝이 늘 어려워지는 건
쉬이 온 게 없어서죠

고백이 빗나가면
숨기고 싶을까요

수많은 문장 속에 오래 눌려 있던

감춰둔 거짓말에서
마른 입을 뗍니다

쿠페아의 집

위태한 얼음처럼 불안한 집을 나와 길 끝에서 실어증 걸린 식물원을 만났죠
꽃들은 계절을 잊고 여름을 소진하는데

산속을 푹푹 빠지며 얼어붙은 발목은 쉬이 녹을 줄 몰라 잘라야 한다고 했죠
조금 더 방심했다면 봄이 문을 열었을까요

빈손으로 돌아온 집은 동면에 든 굴처럼 일어나지 못하고 마른 잎만 흔들어요
눈빛을 나눠주세요, 제발 꽃잎을 열어요

상강 2

말캉한 계절이 집 안으로 들어왔다

미처 익지 못하고 녹아내린 주홍빛

가을이 한눈파는 사이

새가 콕, 쪼고 간다

단추의 세계

내 몸에 붙어 있어
눌러보지 못했던

한 번쯤 열고 싶었던 비밀의 빗장처럼

끼우면 열리는 세상
가는 줄에 닿는다

너를 갖는 건 생사를 걸고
허공을 나는 일

끝없이 선을 이으며 공간을 끌고 가다

몇 가닥 질긴 연줄을
한 곳에 잡아맨다

어떤 비행

사람들은 날개 없이 비행을 곧잘 한다
십오 층 난간에서 몸 날렸던 그녀는
남편의 비행 때문에 젖먹이를 두고 갔다

덜 익은 포도알을 입안에 쑤셔 넣고
삼키지도 못한 채 가슴팍에 품어 오다
뽀얗게 화장을 끝낸 알맹이가 터졌다

독한 것, 입술까지 칠하고 어떻게 그랴?
노모가 치를 떨며 딴짓을 포장하고
새 여자 들여앉히자 飛行은 非行이 된다

4부

씹어대는 달콤한 입들

그녀의 바닥

바닥은 누구나
한둘씩은 쥐고 있는 것

남들이 보려 할수록 속을 더 웅크린다
처음엔 볼 수 없어서 불안이 커져간다
먼저 본 사람들이 말없이 등 돌리자
더 이상 감출 것 없어 밑바닥을 보인다

자기를 다 내보이는 건,
바닥을 딛고 서는 것

사물을 보는 방식

제발 한 눈으로만 바라보지 마세요

세잔의 사과처럼 봐줄 순 없을까요

어쩌다 한 방향으로 본 걸

안다고 믿지 마세요

위아래는 움푹 팬 채 불룩하게 내민 배

살살 문지르며 씹어대는 달콤한 입들

끝까지 감춘 얼굴을 찾아내지 못하는군요

한 접시 안에서도 다른 곳을 보는 눈

당신을 올렸다가 내렸다가 돌렸다가

사과는 노래집니다

눈알이 굴러가요

마트료시카

몸에서 빠져나간 21그램의 무게가
껍질을 깨버리면 분리될 수 있을까
허공에 흩어진 호흡들
새집을 찾고 있다

끝없이 반복되는 허물고 집 짓는 일
끝낼 수 없어서 몸을 열고 나오지만
거기가 끝이 아니다
어딜 가도 제자리

아무것도 아닌 날들

번번이 거르지 못해 덫에 걸린 언어들
가슴에서 불이 나, 누가 제발 좀 꺼줘
한 번씩 덧난 상처들이 바닥에서 뒹군다

풀지 못한 의문들이 우울하게 다가온다
떠나온 시간 너머 여전히 비틀대는
비밀은 늙지도 않고
더 자라는 중이다

시그니처 signature

완전범죄 꿈꾸다 덜미가 잡혔습니다
구멍 낸 깔창과 빠른 발도 소용없이
잠이 깬 사내 앞에서 맥없이 무너집니다

벌인 일이 너무 많아 기억 못 한다 발뺌해도
남몰래 즐겨왔던 그날의 비명들이
결박된 미소 뒤에서 한꺼번에 일어섭니다

복사골 산1번지

살다가 손 놓치고 너를 찾아 나선 길
산을 넘어간 곳에 복사꽃이 만발했다
봄 따라 방황하다가
목적지를 지나쳤다

자는 둥 마는 둥 낯선 아침 뒤척일 때
뻐꾸기 울음소리에 마음만 졸이다가
아득히 바라다보는
도원에
꽃이 진다

올 것 같은, 울 것 같은 날

길상호를 만나서 길상사를 떠올리다

백석을 생각하고
자야를 그려보고

웅크린 사내 몸에서 자야오가를 읽는다

날은 잔뜩 찌푸렸고 눈은 오지 않는데

소연히 말방울 소리
멀리서 들려온다

시인은 눈 속을 헤맸는지 눈 밑이 젖어 있다

한 장의 삐끗

해가 지날수록 몸에도 속도가 붙어
불안한 마음으로
달아난 시간을 좇다
한순간 놓친 자리에 귀 한쪽이 떨어진다

똑같은 표정으로 찾아오는 일상들
한눈을 파는 사이
마음이 삐끗한다
거스름 떼어내려다 실금이 가는 오후

한로

추분과 상강 사이 오락가락 비가 든다

나날이 뒷걸음질에

밤은 바짝 다가서고

화살잎 코끝 붉히며 스며드는 겹바람

횡단보도

너한테 가는 길에 빨간불이 켜졌다

우리 둘 사이에서 건너지 못하는 숲

얼룩말 끼어든 길을

너와 나 마주본다

프로파일러의 식사법

지친 몸 퇴근길에 해장국을 먹으려다

같은 밥을 먹었던 용의자를 떠올린다

번번이 현장에서 막힌
선지 같은 의혹들

죽여야 살 수 있다던*
마지막 몸부림 같은

한데 엉긴 덩어리 헤집고 으깨다가

국물에 단서를 말아 끼니로 해치우는

* 살인자 정남규의 말 인용.

연암

막다른 길목에서

맨발로 강을 건넌다

빛 없는 세상에선 경계인이 될 수 있을까

뵈는 게 전부라 믿다

숨긴 날에 눈이 먼다

잣눈

하루 종일 내리는 눈
문득 바라보다가

어쩌면 내려오는 모양도 눈이 부셔

남몰래 설레다가도
커진 송이
더럭 겁나

그쳤다 다시 오면 멈출 줄 더 모르고

자꾸만 흰 가루를 잘게 부숴가며

세상을 떡시루처럼
소복 덮었다,
다시 덮는

세렝게티 여정

첫울음 소리를 듣고 포식자가 다가온다
초원 한가운데를 가로지르는 얼룩 떼
자욱이 지난 자리마다
검은 상처가 깊게 팬다

끝없는 길 위에서 생명은 나고 눕는데
본능처럼 일어나 내달리는 일상들
무리와 무리가 고인 곳에
뜨겁게 풀이 선다

우화 羽化

나무를 기어오른 바짝 마른 껍데기들
중턱에 빈 몸을 걸어두고 출가를 했나
빈 거죽 등이 터진 채
지난 시간 잡고 있다

한 발씩 오르던 길 꼭대기 다 못 가서
날개를 펼치는 순간 빠르게 당긴 세상
한 생을 집어삼킬 듯
한나절 경을 왼다

더미들의 더미

공기처럼 가벼운 순간도 버거울 땐
침묵을 깨고 나가 춤을 추고 싶었다
바람은 조각이 나고
여기저기 네가 있다

아무도 눈감아 주지 않는 일상들
먼지 같은 기억이 몰려오고 사라진다
내달린 그 자리에서
더는 있어도 없는

목련 유서

목련이 긴 유서 한 장 남기고 가는 동안
층층나무 사이로 멍은 더 깊어가고
오월을 견디지 못한 그가
안녕이라 말합니다

구름처럼 빛나던 순간을 잡으려다
얼룩진 길목에서 다시 듣는 함성들
돌아서 눈부신 날에
점 하나 찍고 갑니다

해 설

불화의 시대 시조 쓰기

황정산(시인·문학평론가)

1. 들어가며

　현대시조는 시조라는 장르의 정체성을 지키면서도 현대적 사유와 감성을 담아내야 한다. 그러므로 그 자체로 모순과 딜레마를 안고 있다. 시조에 현대적 감성을 담아내기 위해서는 과감하게 과거의 정형적 운율과 형식적 틀을 깨고 나와야 한다. 하지만 그럴 때 시조라는 정체성은 훼손된다. 시조의 정체성을 지키면서도 현대적 감성을 담아내야 하는 문제는 현대시조를 쓰는 시인들이 안고 있는 공통적인 과제일 것이다.
　전통적 시조는 3음절이나 4음절의 4마디로 된 초, 중, 종장의 3장으로 된 형식적 특징을 가지고 있다. 특히 종장의 첫째, 둘째 마디의 음절 수 변화가 시조 형식의 가장 큰 묘미라 할 수 있다. 3음절의 짧은 마디로 시작해 둘째 마디에서 5, 6음절로 길어지다 마지막 4음절과 3음절로 종

결짓는 방식이다. 초장과 중장이 길어지는 사설시조나 엇시조에서도 이 종장의 형식만큼은 꼭 지켜진다.

4마디의 안정성과 마지막 종장의 완결성은 시조의 내용과도 잘 상응한다. 시조가 번성하던 조선 시대 선비들에게는 아무리 현실은 당쟁과 사화 등으로 얼룩졌더라도 자연과 천도라는 완전한 세계라는 이상이 있었다. 그런 조화로운 이상 세계는 완전한 자연을 노래하는 강호가도의 시조나 천도라는 유교적 이념을 설파하는 충효가 등으로 나타났다. 시조의 형식은 이 조화로운 세계관의 형식적 표현이기도 하다. 4마디의 안정된 질서와 마지막 행의 밀고 당기다 완결감 있게 마무리 짓는 형식은 인간의 정서적 동요마저도 안정된 질서 속에 화합시킨다. 이렇듯 시조는 유교의 이념적 질서에 상응하는 시가 장르이다. 조화로운 세계의 질서와 보편적 이념에 상응하는 유장하고 안정된 형식이 시조의 정형적 운율과 형식적 틀을 만들어 냈다고 할 수 있다.

하지만 "별을 보고 길을 찾던 시대는 지났다."라고 루카치가 말했듯이 현대사회는 보편적 가치관이나 질서가 사라지고 없는 시대이다. 이런 시대의 전통적 시조의 틀은 시적 사유와 정서를 억압하는 요소로 작용할 수밖에 없다. 이런 딜레마를 극복하고 전통적 질서를 현대적 감각으로 변용시켜 새로운 전통을 창조하는 것 그것이 현대시조가 담

당해야 하는 중요한 역할이 아닌가 한다. 공화순 시인의 이번 시조집에 실린 시조들이 바로 그런 노력과 그 성과를 잘 보여주고 있다.

2. 개인의 정서와 사회적 상상력

앞서도 얘기했듯이 전통 시조는 보편적 질서의 존재를 가정하는 유가의 세계관에 기반하고 있다. 하지만 현대는 이런 보편적 질서가 사라진 시대이다. 이념이나 가치관을 설파하는 시는 이미 설 자리를 잃고 시는 개인의 정서를 표현하는 일인칭 장르로 변모하고 있다. 현대시조 역시 이러한 변화에서 자유로울 수 없다. 이런 변화의 모습을 우리는 공화순의 시조들에서 확인할 수 있다. 다음 시가 이를 상징적으로 잘 보여준다.

어둠이 내려앉자 무덤이 불을 켠다
누구를 기다렸을까
짜를 듯 선 오벨리스크
별 하나, 사각뿔 위로 사뿐히 내려온다

짓다 만 건물마다 둥지 튼 비둘기들

꾸룩꾸룩 밤을 쪼듯 무거운 경을 외면

누군가 먼 길 가려는지

하늘길이 열린다

　　　　　　　　　－「오벨리스크의 문」 전문

　오벨리스크는 고대 이집트에서 태양신을 숭배하기 위해 세워진 기념물이다. 고대 이집트인에게 오벨리스크는 영원불멸하는 완전한 세계의 표상이었을 것이다. 그 완전한 세계가 지상에서도 이루어지길 이 돌기둥을 세워 기원했을 것이다. 하지만 시인은 이 초월적이고 보편적인 가치의 상징을 개인의 정서적 심상으로 바꾼다. "별 하나, 사각뿔 위로 사뿐히 내려온다"와 "누군가 먼 길 가려는지 하늘길이 열린다"라는 각 연의 종장이 이를 잘 보여준다. 오벨리스크가 시인에게 의미 있는 것은 그것이 상징하는 태양신의 영원불멸이 아니라 하늘의 별처럼 아름다운 것을 추구하는 개인의 소망으로서이다. 그리고 오벨리스크를 보는 우리는 그것에 알 수 없는 글씨로 새겨진 "무거운 경을 외"우면서 먼 길을 떠나는 개인의 운명을 감내하며 살아야 한다. 오벨리스크는 이제 영원불멸의 진리의 표상이 아니라 한 개인이 이루고 싶은 소망의 지표가 된다.

　과거 전통 시조에서 완전한 질서와 조화의 공간이었던 자연 역시 그런 위치를 상실하고 현대를 사는 개인들에게는 안식을 주지 못한다. 다음 시의 자연이 바로 그렇다.

나무가
밤을 부르고
숲은 너무 멀리 있다

바람이 찾아오자
숲이 더 멀어지고
한 그루 높은 나무의
찰랑대는 소리가 되고
밤의 뿌리처럼
들썩이다 눈물이 되고
끝내 불안으로
우묵한 시름이 되고

어둠에 흔들리다가
빛깔 몽땅
쏟았다

- 「아무 날의 숲」 전문

전통 시조에서 자연은 질서의 원리이고 삶의 이치였다. 자연을 노래하는 강호가도의 시들은 대개 이 자연에서의 혼연일체를 경험하는 충만한 삶을 노래했다. 이조년의 「다정가」처럼 개인의 서정을 노래한 많지 않은 작품들에서도 선경후정의 방식으로 자연은 완전한 조화의 공간으로서의 정서적 배경이 되어 주었다. 하지만 위에 인용한 시조에서의 자연은 사뭇 다른 모습으로 나타난다. 자연은 시인의 개인적 정서를 전달하는 객관적 상관물로서 존재한다. 위 시에서 자연물들에는 철저하게 시인 개인의 정서가 이입되어 있다. "숲은 너무 멀리 있다". 그렇게 멀리 있는 숲은 눈물이 되고 불안이 되고 시름이 된다. 결국, 어둠 속에서 빛깔마저 잃고 사라지는 숲은 시인 자신의 좌절감을 대변한다. 이 시는 중장이 길어진 사설시조 형식을 가지고 있는데 계속된 정조의 나열이 자연 속에서도 어쩌지 못하는 개인의 상실감을 더욱 강조해준다. 자연마저 안식처가 되지 못하고 개인의 슬픔을 두드러지게 해주는 배경으로 작용하고 있다. 이렇듯 공화순 시인 시조에서 자연은 질서와 조화의 공간이 아니라 개인의 정서를 전달하는 객관적 상관물이며 개인의 정서를 통해 재구성된 주관화된 사물이다.

그런데 공화순 시인의 시조가 개인의 서정에만 치우쳐 있다면 서정적 자유시와 별반 다르지 않을 것이다. 그의 시조의 더 중요한 특징은 한 개인의 정서가 개별자로서의 한 개인의 차원을 넘어 사회적 상상력으로 확대된다는 점이다.

하늘을 복사해서 펼쳐놓은 스크린

별이 되고 싶었던 꿈이 날아든다

수천 번 비행하다가

몸을 던진 날개들

대본 없는 필름은 쉼 없이 돌아가고

바람을 연주하며 가는 길 직진하듯

눈먼 새, 날개를 또 편다

보지 못한 봄을 향해

-「거울 도시」 전문

   시인의 눈은 유리로 된 빌딩 숲에서 하늘로 가는 길을 잃고 헤매는 새들의 비행을 보고 있다. 그들은 "수천 번 비행하"지만 하늘을 반사한 빌딩 유리에 몸을 부딪고 그만 떨어지고 만다. 결국, 그들이 보고자 한 봄날의 하늘도

보지 못한다. 별이 되고 싶어 날개를 펴 보지만 새들은 그들을 받아줄 하늘이라는 대자연의 영역을 잃고 만 것이다. 그런데 사실 따지고 보면 이는 새들에게만 해당하는 일은 아니다. 도시에 갇혀 사는 우리 인간들 역시 지금 여기의 현실에서 한 발짝 벗어나지 못한다. 모두 유리 거울이 비춰주는 가짜의 하늘을 내 꿈을 실현할 자유로운 영역이라 착각하고 살고 있다. 아니 그것을 벗어나는 것이 곧 죽음이라는 것을 너무도 잘 알고 있어 부딪히지 않으려고 조심하며 오늘도 일상의 삶을 견디고 있는지도 모르겠다. 이렇게 생각할 때 이 시는 단순히 자연과 도시라는 이분법적 대립만을 얘기하는 것이 아니라 자연을 상실하고 사는 현대인들의 삶의 지향 없음 또는 그것의 파멸적 징후를 암시하는 작품이기도 하다. 이렇듯 공화순 시조에서의 자연은 인간과 조화를 이루는 것이 아니라 불화하는 모습으로 다가온다. 그것은 현대를 사는 인간들의 현실이기도 하고, 공화순 시인이 보여준 사회적 상상력의 결과이기도 하다.

다음 시는 좀 더 첨단의 사회적 상상력을 보여준다.

1
내 모습 이대로 보이고 싶지 않아
다양한 일상들을 편집해서 내걸죠
어떻게 알았을까요

번번이 찾아오네요

입맛을 자극하고 시선을 사로잡고
어디든 따라오는 당신은 누구십니까
그렇게 속을 다 알면서
만날 순 없는 건가요?

2
세상 너머를 보나요

하고 싶은 게 많아도
할 수 없는 게 많아도

이곳으로 오세요

당신의 아바타가 되어
무엇이든 해줄게요

- 「메타버스metaverse」 전문

   메타버스는 가상과 현실이 함께 하는 인터넷 환경을 의미한다. 인터넷을 통한 가상의 공간은 현실이 되고 현실은 가상 공간까지 확대되는 지금의 사회 환경을 일컫는 말이다. 이 안에서 우리는 모든 것을 다 경험하고 무엇이든 될 수가 있다. 나는 내가 되고 싶은 것이 되고 내 삶을 내가 나의 욕망대로 편집할 수 있다. 하지만 그 안에서 사는 우리는 서로 만날 수 없다. 서로를 다 알지만 사실 서로가 누구인지 모른다. 할 수 있는 게 많은 만큼 할 수 없는 것도 많게 된다. 우리의 욕망은 더욱 커지고 채울수록 나의 빈 곳은 더 커진다. 결국, 나는 타인의 욕망을 욕망하는 아바타가 될 뿐이다. 시인은 우리가 사는 공간이 그리고 우리가 대부분의 시간 동안 사회적 활동하는 곳이 이렇게 허망한 곳임을 깨닫는다. 이렇게 정체성을 상실한 나는 지금 사회와 불화할 뿐 아니라 사회적 존재로서의 나 자신과 불화하고 있다.

다음 시의 상상력은 좀 더 특별하다.

> 자궁 속 태아막을 찢고 나온 머리통
> 대궁의 빈속을 어떻게 알아채고
> 부풀린 정수배기에 흰나비 사뿐 앉는다
>
> 하늘 향해 뭑! 하고 주먹을 내지르듯
> 바람에도 끄떡없이 수많은 씨앗을 품고
> 촛불 든 시위대처럼 한 평 연대 총총하다
>
> ―「총총 파꽃이 피었습니다」 전문

시인은 피어있는 파꽃에서 우리 사회의 한 단면을 본다. 그것은 모여 사는 삶의 의미와 중요성이다. 파의 꽃대궁처럼 우리의 삶은 실속 없이 허무한 것이다. 시인은 그래서 그 파꽃 위에 장자의 나비를 연상하게 하는 흰나비 한 마리를 사뿐히 앉혀 두고 있다. 하지만 그럼에도 그것은 강인한 생명력으로 "수많은 씨앗을 품고" 있다. 그래서 세파에도 쉽게 굴복하지 않는다. 그 이유는 함께 모여 있는 연대의 힘에 있다. 하늘을 향해 주먹을 내질러야 할 정도로 불화의 시대이지만 함께하는 연대의 힘이 이 불화를 극복할 수 있다고 생각하고 있다. "촛불 든 시위대처럼"이라는 구절이 특히 이 연대의 힘을 강조한다. 시인은 이렇게 자연에서 한 개인의 정서를 넘어 우리가 영위하는 사회적 삶의 모습을 그려내고 의미화한다. 시인의 사회적 상상력이 빛을 발하는 대목이다.

3. 불화의 형식

시조는 우리말의 자연스러운 운율을 가장 잘 형식화한 장르이다. 3장 6구로 짜여 있고 각 장은 3 또는 4음절의 4마디로 구성된 형식은 우리말의 통사적 질서와 잘 맞아떨어진다. 우리말은 2, 3음절의 단어에 1, 2음절의 조사나 어미가 붙는 의미 단위를 가지고 있기에 여기에서 시조의 자연스러운 운율이 나오고 이 운율과 통사적 의미 단위가 일치하거나 약간 불일치하는 엇나감이 운율의 질서와 변화를 만들어 시조의 읽는 재미를 만들어 낸다.

그런데 앞서도 지적했듯이 이 형식은 과거의 단일하고 통합적인 세계관과 보편적 가치관과 조응하는 형식이다. 그러므로 현대사회의 다양성과 복잡성을 표현하기에는 한계를 가지고 있다. 이렇게 보았을 현대적 사유와 정서에 맞는 운율을 창조적으로 계승해야 하는 것은 현대시조가 해야 할 중요한 임무이기도 하다. 공화순 시인은 이런 임무를 다양한 방식으로 수행하고 있다.

공화순 시인이 자주 쓰는 방식 중 하나는 행의 배열을 변화시키는 것이다.

긴 창살 하늘을 뚫고
직선으로 내려온다

촘촘한 빗변 속에 유폐되는 시간

몸 낮춘
세상 소요를
꿈결에서 듣는다

– 「잠에 드는 낮」 전문

  전통적인 시조는 각 장을 한 행으로 하는 배행법을 사용한다. 하지만 이 시조는 초장에서 두 행으로, 중장은 한 행으로 그리고 마지막 종장을 세 행으로 나누어 써서 시각적인 효과뿐만 아니라 특별한 운율적 효과를 내고 있다. 한 장을 여러 행으로 나누어 쓰면 시각적으로는 간결한 느낌이 들어 선명한 이미지를 떠올려 주면서 속도감은 느려진다. 이 시도 마찬가지이다. 두 행으로 된 초장은 낮잠 드는 그 아련한 시간의 느낌을 잠시 연장해 주는 효과를 만든다. 그리고 종장의 세 행 처리는 전통 시조의 종장이 가진 완결성을 해체하여 "세상 소요"의 끝나지 않을 것 같은 지속성을 강조한다. 3,5,4,3이라는 종래의 시조의 종장과 같은 마디를 사용하면서도 효과는 그와 상반된다. 완결성보다는 지속성을 강조하여 "세상 소요"라는 불화의 상황과 시의 운율이 상응함을 알 수 있다.

    강 건너

    봄 오시려나

    언 강이

    길을 튼다

    〈

물비늘 가득 물고

활짝 웃는 버들강

어느새

햇살의 부리

흰 벽을 쪼고 있다

— 「봄강」 전문

  이 시도 배행법의 변화를 주고 있다. 초장을 네 행으로 처리하여 느려진 운율은 강이 녹고 봄이 오고 있는 모습을 상상하도록 시상의 속도를 늦추어 준다. 중장에서의 3,4/4,3의 규칙적 리듬은 이미지를 선명하게 각인시켜 봄날의 기쁨을 강조한다. 하지만 종장의 변화가 시상의 반전을 이끈다. 마지막 종장은 세 행으로 배행 처리되어 기쁜 봄이 쉽게 오지 않고 지체되어 초조한 느낌을 배가시켜 준다. "흰 벽을 쪼고 있"는 "햇살의 부리"라는 구절은 봄이 그냥 오는 것이 아니라 우리의 염원과 기대가 마치 햇살의 부리가 되어 봄을 준비하고 있다고 느끼게 만든다. 전통적 시조의 종장 구성을 보여주지만, 그 종장 구성을 통해 봄은 온다는 순환의 질서와 그 질서 안의 조화로운 세계를 노래하는 대신 불화를 넘어서고자 하는 고투의 필요성이 강조된다. 전통적 시조 운율이 현대적 정서에 상응하는 새로운 형태가 아닌가 한다. 공화순 시인의 특별한 언어 감각이 느껴지는 부분이기도 하다.

공화순 시인의 시조에는 아이러니가 자주 등장한다. 아이러니는 상반된 두 가치 사이의 긴장에서 나온다. 과거 전통적 시조에서는 없었던 표현 방식이다. 보편적 가치와 완전한 세계를 선취한 시조 창작계층에게는 이런 긴장은 불필요했을 것이다. 하지만 현대사회를 살아가는 우리에게는 다양한 가치의 혼재와 그 가치 사이의 긴장과 갈등이 중요한 심리적 기제가 된다. 불화의 시대 우리는 누구나 이 아이러니를 경험하고 살 수밖에 없다. 그런 점에서 현대시에서 아이러니는 필수적인 조건이기도 하다.

> 지루해진 어제가 돌아서서 안부하자
> 밤 지샌 시간표가 안녕하냐 묻는다
> 무엇을 해야만 할까, 지금을 견디려면
>
> 날마다 별사탕은 빵보다 부족하고
> 배가 덜 고픈 오후에 달콤한 걸 삼키면
> 행복이 당장 시작하라고
> 오늘을 부추긴다
>
> ―「오타움」 부분

'오티움'은 영혼에 기쁨을 주는 능동적 여가 활동을 일컫는 말이다. 지금 우리를 지배하는 것은 삶의 의미를 상실한 권태와 일상의 노동에 지친 피곤인데, 세상은 이 말을 통해 당장 행복을 찾으라 우리를 부추긴다. 그러지 못해 불행하다고 우리를 나무란다. 하지만 아이러니하게도 우리는 이 부추김 때문에 더 불행해진다. 행복해지기 위해 항상 기쁨과 쾌락의 결핍에 시달리고 더욱더 달콤함을 찾게 된다. 그럴수록 추구해야 할 행복은 더 큰 결핍으로 다가온다. 결국, 행복은 불행의 다른 말이 된다.

이런 아이러니의 효과를 더 강화하기 위해 공화순 시인이 즐겨 하는 형식상의 변화는 종장 두 번째 마디 다음에 쉼표를 두는 것이다. 이 쉼표를 통해 종장의 시상 전환을 좀 더 강조하고 그 효과를 지속시킨다.

간밤 휘몰아친 태풍에도 끄떡없이

초록 속에 숨어 영근 단단한 덩어리들

나무에 혹처럼 박혀 몸집을 키워 왔다

백 년쯤 살겠다고 단물도 덜어내며
〈

가지에 심장을 박고 견뎌온 시간들

　　노랗게 익어갈 즈음, 별처럼 총총하다
　　　　　　　　　　－「모과를 꿈꾸는 가을」 전문

　모과는 못생긴 과일의 대표이다. 먹을 수도 없다는 점에서 과일로 취급받지도 못한다. 하지만 시인은 그 모과를 통해 가을을 꿈꾼다. "태풍에도 *끄떡없이*" 견딘 단단함으로 온갖 풍상을 버티며 자신의 심장까지도 내어놓고 결실을 준비했다. 그렇게 해서 "노랗게 익어갈 즈음"이라는 시간을 맞이한다. 그런데 시인은 그 시간 앞에 쉼표를 두어 강제로 긴 휴지를 만들고 있다. 이 휴지가 있어 "별처럼 총총하다"는 구절은 훨씬 강조된다. 그 아름다운 시간을 맞이하기까지의 시간의 길이와 그 시간을 버티어 왔을 고통이 좀 더 선명하게 다가온다. 쉼표에 의해 만들어진 리듬의 변화가 고통과 기다림이 아름다운 시간으로 반전되는 묘미를 만들어 내고 우리를 사유의 깊이로 인도한다.
　다음 시에서는 그 같은 방식의 효과가 좀 더 뚜렷하다.

　　수없이 힘에 눌려 잘려 나간 손발들
　　이리저리 뛰어 봐도 내미는 머리 없습니다
　　여전히 피해자만 있는,

여기 살 만할까요?

　　　　　　　　　　　　　－「그날 이야기」 부분

　피해자만 있고 가해자가 없는 고문 사건의 소재로 다룬 작품이다. 시인은 종장의 두 번째 마디 다음에 쉼표를 두고 있다. 이 쉼표는 많은 것을 의미한다. 고문의 피해를 당한 사람은 아직도 그날의 기억이 선명하고 그때 몸과 마음에 새겨진 트라우마로 고통을 느끼며 살고 있다. 그는 여전히 피해자로 남아 있다. 쉼표는 이 피해자가 느꼈을 고통의 시간을 연장한다. 또한, 과연 가해자는 어디서 무엇을 하고 있을까 생각하게 된다. 시인은 "여기 살 만할까요?"라는 질문을 통해 이 피해자의 시간을 생각하고 또한 숨어 머리를 내밀고 있지 않은 가해자를 힐난한다. 쉼표 하나가 가해자 역시 피해자가 될 수밖에 없는 폭력의 아이러니를 에둘러 말해주고 있다.

4. 맺으며

　공화순 시인의 시조는 시조이면서 전통적 시조가 주는 안정감과 평온함이 없다. 불안과 불화로 우리를 불편하게 만든다. 현실을 넘어서는 조화로운 세계상을 보여주어 우리에게 위안을 주는 대신 현실의 불안과 불화를 되돌아보게 한다. 시조라는 형식을 지키면서도 이런 현대적 감수성을 표현해내고 있다는 점이 공화순 시조의 가장 큰 특징이며 또한 성과이다. 소재의 확산과 개성적인 상상력 그리고 시 형식의 변화 등이 그의 시조가 이루어 낸 전통의 창조적 계승이 아닌가 한다. 전통으로 물려받은 우리 언어의 아름다움으로 현대적인 감성을 노래할 수 있는 그래서 살아 있는 문학 양식으로서의 현대시조가 가능함을 공화순의 이번 시조집을 통해 확인하게 된다.

    가지와 가지 사이에 분주한 언어가 산다

    (중략)

    나무와 나무 사이에 모르는 새가 있다
                                        - 「사이 새」 부분

  현대사회는 얽혀 있는 가지 사이만큼 복잡한 관계망으로 이루어져 있다. 그 사이에 있는 "분주한 언어"를 찾는 것 그것은 현대시의 운명이기도 하다. 공화순 시인은 그 언어를 "새"라는 표상으로 변화시킨다. 하지만 그것은 "모르는" 것이기도 하다. 이 모르는 형상을 찾아 나서는 길

그것은 현대시조가 가야 할 험난한 길이기도 하다. 그 길에 들어선 공화순 시인을 응원한다.

상상인 시선 049

공화순 시조집

나무와 나무 사이에 모르는 새가 있다

지은이 공화순

초판인쇄 2024년 7월 23일 **초판발행** 2024년 7월 30일
펴낸곳 도서출판 상상인 **편집주간** 황정산 **펴낸이** 진혜진
표지디자인 최혜원 **기획·마케팅** 전은빈 최유림 노혜림 정현수
책임교정 종이시계 **편집** 세종PNP
등록번호 제572-96-00959호 **등록일자** 2019년 6월 25일
주소 06621 서울시 서초구 서초대로74길 29, 904호
전화번호 02-747-1367, 010-7371-1871
팩스 02-747-1877 **전자우편** ssaangin@hanmail.net

ISBN 979-11-93093-57-3 (03810)

값 12,000원

* 이 책은 화성시, 화성시문화재단의 '2024 화성예술활동지원' 사업으로 출판되었습니다.
* 이 책은 전부 또는 일부 내용을 재사용하려면 반드시 저작권자와 도서출판 상상인의 동의를 받아야 합니다
* 이 도서의 국립중앙도서관 출판시도서목록(CIP)은 서지정보유통지원시스템 홈페이지(http://seoji.nl.go.kr)와 국가자료공동목록시스템(http://www.nl.go.kr/kolisnet)에서 이용하실 수 있습니다.